LIVRE DEUXIÈME.

ANÉANTISSEMENT

COMPLET DE

TOUS LES MAUX PUBLICS

OU

SEUL ET UNIQUE BONHEUR DE LA FRANCE

ET DE

TOUS LES PEUPLES DE LA TERRE.

OUVRAGE NOUVEAU

Dédié à l'Assemblée nationale et à tous les citoyens français.

COMPOSÉ PAR LE CITOYEN

MICHEL KRAMER,

Natif de Lauterbourg (Bas-Rhin), membre de l'Académie de l'Enseignement
et de plusieurs Sociétés savantes, etc., etc.

Plus de misère en France, plus de famine, plus de peste,
plus de guerre civile. Union, paix et prospérité partout.

Prix : 20 centimes.

PARIS,

IMPRIMERIE DE BEAULÉ ET MAIGNAND, RUE JACQUES DE BROSSE, 8.

1849

AVANT-PROPOS.

———

Excessivement affligé de tous les maux publics qui accablent depuis une année mon malheureux pays, j'ai voulu joindre aussi mes faibles lumières à celles de tous les bons citoyens qui aiment comme moi leur patrie, pour ramener promptement, par des moyens pacifiques, la paix au milieu des peuples.

Heureux si je puis un jour, avec l'aide de mes semblables, atteindre ce but; tous mes désirs se trouveront satisfaits, et mon livre aura procuré à la fois l'utile et l'agréable.

Citoyens,

A la fin de mon premier numéro, je vous ai promis d'accomplir la promesse de notre feu roi Henri IV, qui avait dit, pendant son vivant, qu'il ferait en sorte (si toutefois Dieu lui accordait un long règne), que le dernier de ses sujets, pût mettre une poule au pot, tous les dimanches.

Cette promesse a dû vous faire sourire un instant, connaissant, comme moi, l'état malheureux dans lequel se trouve réduite la France depuis un an. Mais comme je n'ai nulle intention de vous amuser à mes dépens, je veux vous parler sérieusement, sur toutes les matières qui vous concernent. Écoutez-moi attentivement, et profitez bien de mes sages conseils, par lesquels vous arriverez facilement dans le chemin du bonheur et celui de la gloire.

Mais avant de traiter une affaire d'une aussi grande importance, qui concerne la nation entière, permettez-moi, citoyens, que je vous fasse connaître la véritable situation de la France, et combien nous sommes malheureux par notre propre faute.

Qu'est-il arrivé au milieu de nous depuis une année ?

Un roi renversé du plus beau trône de l'univers, chassé de la France avec toute sa famille et ses ministres.

Une insurrection à la Chambre de l'Assemblée nationale. Une véritable guerre civile à Paris, et dans plusieurs autres localités en France, où le sang de nos bons et généreux citoyens a coulé à flots dans les rues et sur les places publiques. Une infinité de femmes veuves et d'orphelins, réduits au désespoir et sans ressources ; versant aujourd'hui au milieu de nous d'abondantes pleurs sur les tombes où se trouvent renfermés les précieux restes de ceux qui faisaient autrefois leur bonheur dans cette vie.

Voici nos premiers maux qui ont engendré ceux-ci :

Ruiné le trésor de l'État par de nombreux sacrifices en tous genres, que la nation a été obligée de faire, pour venir au secours des malheureux ouvriers, privés de travail, qui est leur unique ressource, pour vivre avec leurs nombreuses familles.

Tué entièrement le commerce intérieur et extérieur, qui est la première richesse de l'État, et avec lui la confiance publique, principale branche du commerce, et sans laquelle nul invididu ne peut rien faire, ni rien entreprendre.

Ruiné des centaines de mille commerçants de toutes les industries qui ne pouvant plus, par aucun moyen, se défaire de leurs nombreuses marchandises entassées pèle-mêle au fond de leurs magasins; furent obligés de suspendre leurs paiements, renvoyer leurs commis et leurs ouvriers, dont un grand nombre d'entr'eux ont été forcés de s'engager dans l'armée, et le reste circule journellement sur le pavé, où ces infortunés espèrent rencontrer, avec le désespoir dans le cœur, un ami ou une occasion quelconque qui les retire de leur affreuse position. Non-seulement ces derniers sont à plaindre, mais en général, la majeure partie des hommes de toutes les conditions : sur le visage de chacun d'eux on voit journellement imprimés les traits du désespoir occasionné par de longues souffrances en tous genres, et ne sachant même pas quand ils pourront voir la fin de leurs maux.

Voilà, chers citoyens, les terribles fléaux qui affligent l'État et la société entière, et pour y mettre une fin, vous prenez à chaque instant les armes ; comme si ces instruments redoutables pouvaient vous ramener la confiance et le travail. Non ! non ! citoyens, mauvais procédés que tout cela, et je ne cesserai de vous répéter que loin de vous procurer le bonheur et la gloire ils prolongeront de plus en plus le temps de vos souffrances, et, que vous finirez un jour par devenir plus malheureux encore ; en mourant de misère ou d'inanition. Croyez-moi, ne faites plus de guerre à personne, autrement qu'avec la palme en main, symbole de la paix et de l'union, et vous verrez promptement que, par ce moyen pacifique, vous arriverez facilement à rétablir la prospérité dans l'État et particulièrement dans la société.

Mais pour prendre une pareille route, opposée à toutes celles que vous avez prises jusqu'alors ; il vous faut un chef, un guide qui vous y conduise.

Eh bien ! ce chef ou ce guide, ce sera moi-même ; je m'y offre de bonne volonté ; comme un bon citoyen et le meilleur de vos amis. Mais encore, avant d'accepter de pareilles fonctions, j'ai voulu auparavant sonder toutes les opinions, pour savoir au plus juste celle qu'il fallait suivre, pour arriver directement à un bon résultat. Pour cela, je me suis transporté, par pure imagination, à l'Assemblée nationale; là, j'ai demandé à tous les membres présents (après leur avoir fait connaître la véritable situation de la France), par quels moyens ils espéraient sortir de cet état malheureux dans lequel se trouve plongé le pays. Tous m'ont répondu : Quand le peuple sera plus calme, qu'il n'y aura plus de provocations faites nulle part, contre qui que ce soit ; que tous les individus se seront soumis aux lois et les respecteront surtout. C'est très-bien, Messieurs, leur ai-je répondu ; mais quand espérez-vous que tout cela s'accomplira ?

Hélas! nous ne le savons pas; c'est Dieu seul qui le sait.

Non content de cette réponse négative, j'allai trouver quelques chefs supérieurs de l'armée, à qui je fis la même demande ; ceux-ci me répondirent tout bonnement qu'il y avait trop de monde sur terre, qu'il faudrait que la moitié disparût, pour que l'autre moitié fût plus heureuse. Peste ! leur ai-je répondu ; mais quand tout cela sera fait, aura-t-on la paix et la prospérité ?

Hélas ! nous ne le savons pas ; c'est Dieu seul qui le sait.

Même réponse qu'à l'Assemblée-nationale.

De là, j'allai trouver Messieurs les Curés, à qui je fis la même demande sur cette affaire importante. Ces Messieurs me répondirent tous qu'il n'y avait point possibilité de ramener en France la paix et la prospérité, tant que les hommes ne rentreront point dans la voie du salut ; qu'ils n'écouteront par mieux la parole du Seigneur, qui leur est prêchée journellement, et qu'ils se méfieront moins de la Providence, mère commune de tous les hommes à qui elle fournit, sans nulle exception, toutes les choses nécessaires à la vie. Vous avez parfaitement raison, Messieurs, leur répliquai-je ; mais, dites-moi, quand tout cet heureux changement s'opèrera-t il ?

Hélas ! nous ne le savons pas ; c'est Dieu seul qui le sait.

Même réponse que partout ailleurs.

Alors, j'allai trouver le peuple, et je lui demandai aussi son opinion. Celui-ci me fit mille objections qui me firent bien comprendre que la majeure partie des citoyens ne connaissaient pas encore bien tous leurs droits, et combien ils avaient encore besoin d'instruction, pour les éclairer sur tout ce qui les concerne, cependant plusieurs d'entr'eux me firent cette observation que j'ai de la peine à vous transmettre par écrit ; mais l'amitié que je vous porte à tous et le grand désir que j'ai de vous voir un jour tous unis et heureux me forcent de vous la dire sans déguisement. La voici. C'est par les armes que le peuple est devenu malheureux ; ce sera par elles qu'il deviendra victorieux. Mais, dites-moi, mes amis, leur répliquai-je, quand croyez-vous que vos peines cesseront, et que vous serez plus heureux en suivant une pareille route ?

Hélas ! nous ne le savons pas ; c'est Dieu seul qui le sait.

C'est donc toujours Dieu qui le sait, me suis-je écrié ; eh bien ! ce sera désormais à lui, à qui je m'adresserai pour connaître sa divine volonté, par laquelle il doit un jour nous rendre plus heureux en ce monde, en attendant une meilleure vie dans l'autre.

Après m'être adressé à Dieu et lui avoir fait de ferventes prières pour le bonheur de la France , je sentis tout à coup mon cœur soulagé d'un poids énorme, une joie intérieure m'anima ; une foule d'idées se présentèrent à l'instant à mon imagination, et me firent comprendre que mes vœux pour la France avaient été exaucés du Très-Haut. Une voix secrète me disait intérieurement : Ecris ! écris au peuple toutes tes idées, je te protégerai près de lui, et t'aiderai, par ma toute puissance, à le ramener promptement dans le vrai chemin du Salut et celui du Bonheur. Aussitôt, je me mis à l'œuvre pour vous transmettre toutes mes idées.

Mais avant tout, il me reste encore une petite observation à vous faire, la voici :

Comme l'égoïsme et cette soif insatiable d'or et d'argent dominent depuis fort longtemps la majeure partie des hommes atteints de cette terrible maladie, qui fait le malheur du genre humain, c'est précisément par elle-même que je veux vous faire du bien à tous.

Voici par quel moyen :

Il faut que le gouvernement organise, dans le plus bref délai, une nouvelle Caisse d'épargne, sous le nom de CAISSE NATIONALE OU RÉPUBLICAINE. Dans cette nouvelle caisse, chaque individu, âgé de dix-huit à cinquante-quatre ans, devra verser tous les mois sa part de cotisation de 1 fr. ou de 50 centimes, suivant la volonté de chacun, et surtout, suivant sa position primitive. Nul individu ne sera exempt de ce nouveau mode de contributions, à moins qu'il ne soit malade, infirme ou sans aucun moyen d'existence; cette nouvelle contribution devra être imposée à toutes les personnes des deux sexes, et devra avoir force de loi, en cas de non paiement, par la mauvaise volonté de la part des contribuables.

Pourra encore être exempt de payer cette nouvelle contribution tout militaire non gradé, y compris le caporal, excepté le sergent jusqu'au général, dont chacun devra payer sa part; seront encore exempts tous les mendiants qui n'auront point de domicile réel, et tout individu âgé moins de dix-huit ans et de plus de cinquante-cinq.

Maintenant, je suppose, après avoir fait le recensement général dans toutes les localités en France, qu'on ait trouvé 34 millions d'habitants, comme nous l'indique la géographie; sous ce nombre, on pourra en compter au moins la moitié, à qui le gouvernement pourra imposer une pareille obligation.

Mais vous, lecteurs impatients, qui me lisez, vous allez encore me demander à quoi serviront toutes ces sommes versées dans le Trésor public. Le Gouvernement nous a déjà assez chargés de contributions sans en créer de nouvelles pour nous accabler, nous qui sommes totalement ruinés; et au surplus, à quoi tout cela nous avancera-t-il ? Serons-nous plus heureux à l'avenir ? Je vous répondrai que oui ; vous et l'État.

Et voici comment :

Tout individu âgé de cinquante-cinq ans révolus, ayant versé sa cotisation à la Caisse d'épargne nationale, pendant un plus ou moins grand nombre d'années, recevra du Gouvernement une pension de retraite de 500 fr. par an, s'il a versé 1 fr. par mois ; ou 200 fr., s'il n'a donné que 50 centimes.

En cas d'infirmités ou d'autres maladies graves qui pourraient empêcher une personne de gagner sa vie, dans ce cas, elle pourra recevoir du Gouvernement, avant l'âge de cinquante-cinq ans révolus qui lui donne droit à la pension entière, une indemnité s'élevant aux deux-tiers de sa pension totale, jusqu'au moment qu'elle aura droit à la somme entière.

Les pensions de retraite ne seront payées que sur les intérêts à 5 pour 100 par an qu'auront produits les sommes versées à la Caisse d'épargne.

Je suppose un instant que le nombre des contribuables s'élève à 17,000,000 d'individus, que sur ce nombre les deux tiers paient 1 fr. par mois et le reste 50 c. chacun, ce qui fait un total de 11,333,333 fr. 333m par mois, pour les premiers, et 5,666,667 fr. 666m pour les derniers; ces deux sommes, réunies, forment un total général de 16,999,999 fr. 998m ou 17,000,000 de fr. par mois. A la fin de l'année, le tout s'élève à 193,999,999 fr. 976m, plus, les intérêts des fonds versés pendant le courant de l'année, à 5 pour 100, qui peuvent encore, par approximation, rapporter un bénéfice de 5,699,999 fr. 978m; cette dernière somme ajoutée avec le capital, le tout forme un total exact, à la fin de la première année, de 199,699,999 fr. 973m. Au bout de la deuxième années, autant; plus, les intérêts de la somme versée pendant la première année, y compris les intérêts des fonds versés pendant la dernière année; le tout ensemble peut s'élever, d'une part, à 9,984,999 fr. 998m, et d'autre part, à 5,699,999 fr. 998m. Ces deux sommes réunies, avec tout l'argent qui aura été versé pendant la seconde année, forment un effectif de 209,698,999 fr. 972m. Ajoutons maintenant, avec cette dernière somme, la première que nous avons obtenue à la fin de la première année; le gouvernement aura en caisse, à la fin de la seconde année, une somme nette de 409,398,999 fr. 945m. Cette somme rapporte 20,469,949 fr. 997m d'intérêts pendant la troisième année, plus, 193,999,999 fr. 976m qui auront été versés pendant l'année, avec leurs intérêts de 5,699,999 fr. 998m; ces quatre sommes réunies forment un total net de 629,569,949 fr. 916m, somme totale que le gouvernement aura en caisse à la fin de la troisième année.

Arrêtons-nous un instant là; et voyons le montant des pensions que le gouvernement pourra déjà accorder sur les intérêts que lui rapportera seulement cette dernière somme pendant la quatrième année; vous trouverez une somme de 31,488,497 fr. 495m, ajoutez encore avec cette somme les 5,699,999 fr. 998m, montant des intérêts qu'auront rapportés les sommes versées dans le courant de la quatrième année; vous trouverez en tout 37,188,497,494 fr. 497m, dont les deux tiers font 24,792,331 fr. 662 et le tiers 12,396,165 fr. 831m.

En divisant les 24,792,331 fr. 662m par 500 fr., on obtient pour quotient 49,584 fr. 665, ou 49,584 pensions de 500 fr. chacune à donner en France, ce qui fait encore, par département, 576 pensions avec un reste de 48 fr. En divisant également les 12,396,165 fr. 831m par 200 fr., on obtient pour quotient 61,615 fr. avec un reste de 165 fr., ou 61,655 pensions de 200 fr. pour toute la France. En divisant cette dernière somme de 61,655 fr. par 86, nombre des départements en France, on obtient pour quotient 716 pensions par département, de 200 fr. chacune, plus, un reste de 79 fr.

Réunissons maintenant les 576 pensions de 500 fr. chacune, avec les 716 pensions de 200 fr., nous obtenons un total de 1,292 pensions, à la fin de la quatrième année, par département, sur les intérêts des sommes qui auront été versées à la caisse d'épargne. En continuant ainsi, à la fin de la huitième année de versements, les deux tiers des contribuables pourraient recevoir une pension de retraite du gouvernement ; l'Etat pourrait payer une grande partie de ses dettes et supprimer généralement tous ces poteaux que le voyageur trouve à chaque instant sur son chemin, sur lesquels il lit cette inscription humiliante qui révolte tous les cœurs généreux :

La mendicité est défendue dans ce département.

Pour que le gouvernement puisse, de son côté, remplir tous ses engagements envers la nation par des pensions de retraite, je voudrais qu'il employât toutes les sommes qui auront été versées à la Caisse d'épargne aux grandes entreprises, telles que chemins de fer, exploitation de mines de fer, de charbon, etc., etc.

Mais, pour ne point nuire au riche capitaliste, qui devrait également retirer un honorable bénéfice des fonds qu'il a à sa disposition, je voudrais encore que toutes les grandes entreprises exécutées dans l'État ne fussent faites qu'à moitié, entre le gouvernement et le riche particulier, de manière que chacun pût participer dans les dépenses comme dans les profits et pertes.

Toutes les sommes d'argent qui auront été versées par les personnes mortes avant l'âge de cinquante-cinq ans révolus, qui leur donnait droit à une pension, le gouvernement pourrait employer ces fonds pour l'entretien des hôpitaux civils et militaires.

Prenant en considération la position de chacun, et désirant faire du bien à tout le monde, sans nulle exception, je voudrais que le gouvernement fît une retenue d'un vingtième sur chaque pension de 500 fr. par an et d'un quarantième sur celle de 200 fr. Ces retenues pourraient être employées aux soulagements des orphelins et orphelines qui sont à la charge de l'État.

Les pensions de retraite de ce genre ne pourront être accordées aux individus, par le gouvernement, qu'à la fin de la deuxième année que la loi aura été décrétée et mise en exécution.

Beaucoup d'ouvriers sans travail ne pouvant pas toujours remplir un pareil engagement à la fin de chaque mois, comme ne gagnant rien, et d'autres qui pourraient être empêchés par des maladies graves ou d'autres infirmités, le gouvernement, dans aucun cas, ne devant rien perdre pour pouvoir, de son côté, remplir tous ses engagements envers la nation, je voudrais, dans ces cas, que tout citoyen jouissant de plus de 1,800 fr. de revenu annuel fût contraint de payer, en sus de sa cotisation, 10 cent. de plus par mois pour remplir toutes les lacunes.

Mais, vous allez encore me dire, citoyens, qu'une pareille entreprise demande beaucoup de travail et surtout beaucoup d'employés que nous avons l'intention de diminuer, pour soulager le trésor public, afin de l'aider à faire face à toutes ses dépenses journalières. Non ! non ! semblable entreprise ne demande ni plus d'employés aux frais de l'État, encore moins de travail, comme je veux vous le prouver par ce qui suit.

Tous les patrons, marchands et autres, de n'importe quel état et profession, seront contraints de donner à leurs mairies respectives le nom, l'âge et la demeure de chaque individu des deux sexes qu'ils emploieront chez eux. Forcer également les ouvriers et ouvrières à s'y faire enregistrer pour avoir de l'ouvrage ; pour cela, les patrons qui auraient besoin de nouveaux ouvriers devraient s'adresser directement dans ces bureaux pour avoir les personnes qu'il leur faudrait. Par ces simples moyens, on connaîtrait facilement les ouvriers qui seraient employés et ceux qui ne le seraient pas.

A la fin de chaque mois, à un jour désigné, tous les patrons devront apporter, au bureau de la mairie de leur quartier ou de leur commune, le montant de la cotisation de chacun des individus employés chez eux, ayant eu soin auparavant de faire la retenue à ceux-ci sur leur salaire, tant par quinzaine ou tant par mois, comme ils l'entendront.

Tous les individus non ouvriers chez les autres devront apporter ou faire apporter, à la fin de chaque mois, à la caisse d'épargne, le montant de leur cotisation.

Dans les huit premiers jours de chaque mois, les fonds qui auront été versés à la caisse municipale, dans chaque mairie, seront versés entre les mains du percepteur.

L'égoïsme n'a été engendré chez l'homme que par la crainte de se voir un jour malheureux, réduit à la misère et exposé au mépris public, au moment où la force l'aura abandonné pour le travail et que la vieillesse aura frappé ; à sa porte réflexion sérieuse et excessivement triste qui le force continuellement à se mettre sous ses gardes pour se préserver d'un pareil malheur qui le poursuit sans cesse et contre lequel, pour résister, il se prive lui et sa famille (pendant toute leur vie) du plus nécessaire à leur existence, afin d'épargner quelques deniers sur leurs faibles gages, réserves ordinairement cachées, auxquelles personne ne peut toucher, à moins de se trouver dans les plus pressants besoins, et n'ayant nulle autre ressource.

Heureux, l'homme qui s'étant ainsi imposé de pareilles privations depuis sa tendre jeunesse, a pu jouir de ces réserves dans sa vieillesse : souvent la mort l'a enlevé auparavant, alors ni lui ni l'Etat n'a su profiter de cet argent.

Voilà, mes amis, la véritable source du malheur de tous les hommes, qui les vieillît avant l'âge, qui empoisonne sans cesse le peu de jours qu'ils ont à vivre sur cette terre et qui parsème continuellement la route qu'ils ont à parcourir, dans cette vie, d'épines et de ronces, dont la moindre piqûre cause souvent la mort ; lesquelles vous pourrez facilement détruire par la formation de votre nouvelle Caisse d'épargne ; car, sachez bien, lecteurs qui me lisez, que l'ouvrier, surtout, ne craignant plus la misère, certain d'avoir de quoi vivre dans ses vieux jours, ne s'occupera plus de l'avenir, dépensera, à la fin de chaque semaine, son salaire pour se nourrir couvenablement avec sa famille, se vêtir proprement et se munir de tous les objets nécessaires dans son ménage ; de là résulte un bien immense pour tout le monde.

Le marchand se défera facilement de toutes ses marchandises, la valeur lui rentrera en argent comptant, avec lequel il pourra exactement payer ses impôts, son loyer, son éclairage, ses commis, etc., etc., et donner de l'occupation à des centaines de mille ouvriers, qui sont malheureusement depuis fort longtemps sans travail. Ceux ci, une fois occupés, gagnant leur vie par le travail, et ne craignant surtout plus l'avenir, ne s'occuperont plus tant d'affaires politiques; le gouvernement sera tranquille et tout puissant, parce que les peuples, loin de s'armer contre lui, le défendront jusqu'à la dernière goutte de leur sang, comme connaissant en lui la véritable source de leur bonheur présent et futur. Les riches pourront paisiblement jouir de leur fortune, car les peuples, loin de leur nuire, auront au contraire, pour eux, respect et déférence, pourvu que les riches leur fassent du bien par le travail et dépensent leurs revenus au milieu d'eux. Par ces simples moyens, ils posséderont les cœurs des pauvres et pourront jouir de toute leur grandeur.

PREMIER EXEMPLE.

SUR TOUS LES BIENFAITS QUE PRODUIRA CETTE NOUVELLE CAISSE D'ÉPARGNE.

Nos peuples du Midi et de l'Ouest, n'ayant jamais été d'accord avec ceux de nos frontières du nord, sous le rapport de l'opinion, se tendront à l'instant une main fraternelle. Tous les cœurs des Français se réuniront au même moment et ne formeront plus qu'un seul corps et une seule âme. Les canons et les baïonnettes, qu'ils se sont dirigés les uns contre les autres, tomberont de leurs mains comme par enchantement. La paix et la prostérité reparaîtront à l'instant en France, et particulièrement dans toutes les familles. La patrie deviendra plus puissante que jamais, parce que Dieu, sensible de notre retour vers lui, répandra à l'instant sur nous d'abondantes bénédictions. Tous les peuples étrangers, jaloux de notre bonheur, nous imiteront, et la République, proclamée en France le 24 février 1848 par le Peuple souverain, deviendra le piédestal de tous les Etats de la terre, laquelle, à son tour, finira par devenir un second Paradis terrestre pour tous les êtres qui l'habitent, professant entre eux ces trois mots sublimes : *Liberté, Egalité, Fraternité,* tels que Jésus-Christ nous l'enseigne par sa divine doctrine.

DEUXIÈME EXEMPLE.

Une nation étrangère deviendrait-elle jalouse de notre bonheur et de notre liberté, se disposerait-elle à pénétrer en France pour renverser notre Constitution et nous réduire en esclavage, le gouvernement aura non-seulement une armée de quatre cent mille baïonnettes à lui opposer, mais une armée formidable composée de tous les citoyens français en état de combattre, un nombre de plus de six millions d'individus, et quand ceux-ci mêmes seront morts pour la patrie, la France trouvera encore des ressources dans le pays, chez les vieillards, femmes, et enfants, qui seront joyeux de verser leur sang pour le salut de la patrie, mère commune à tous, qui tiendra entre ses mains leur destinée. Par cette nouvelle Caisse d'épargne, dis-je, dont chacun sera intéressé à son maintien; on réveillera en même temps dans tous les cœurs cette sublime vertu qu'on appelle communément du patriotisme, laquelle réunira toutes les opinions en une seule unité qui fera la force du gouvernement français et le rendra excessivement puissant à l'intérieur et à

l'extérieur. Désormais on n'aura plus de guerres civiles à craindre
en France qui font verser le sang de nos bons et généreux citoyens français comme nous.

Le bonheur et l'abondance régneront dans toutes les sociétés, chaque
citoyen s'empressera et pourra exactement payer ses impôts, sans y être
contraint par la loi ; le Trésor public sera continuellement plein et
l'Etat plus riche qu'il ne l'a jamais été par le passé.

TROISIÈME EXEMPLE.

La récolte viendrait-elle à manquer en France, comme il arrive fort
souvent à la suite de quelques fléaux que le ciel nous envoie, suivis ordinairement d'affreuses famines dont le peuple en est la première vic-
time, qui finissent toujours par engendrer quelques maladies conta-
gieuses, lesquelles enlèvent ordinairement une grande partie de notre
population et rejaillissent également sur les bêtes domestiques, qui font
la principale richesse du pays, dont elles enlèvent la majeure partie ;
perte excessivement sensible qui cause la ruine de tant de braves gens et
principalement celle de nos cultivateurs ;

Dans de telles circonstances, la France, par de sages mesures, qu'elle
aura prises à l'avance, pourra secourir promptement ses peuples par des
millions qu'elle aura à sa disposition ; par ces simples moyens nous
n'aurons plus de famines ni de pestes à craindre ; la France, notre chère
patrie, deviendra le jardin de toutes les délices, dans lequel tous ses
habitants pourront jouir de tous les bienfaits de la nature.

Ah ! Français, mes amis ! de pareils bienfaits, qu'on pourrait facilement procurer aux hommes, me font (par l'idée seule) tressaillir d'une
joie intérieure qui me fait verser des pleurs d'attendrissement en
portant mes regards vers le ciel, implorant la protection du Très-
Haut, pour qu'il vienne promptement à mon aide et pénètre tous les
cœurs de cette grande vérité, afin que, d'accord tous ensemble, nous
commencions bientôt cette grande œuvre qui nous procurera le bonheur sur la terre, la bénédiction du ciel et celle de toutes les généra-
tions futures à qui nous aurons donné une vie remplie de délices et
exempte de toutes les vicissitudes humaines par lesquelles nous sommes
terriblement affligés en ce moment.

QUATRIÈME EXEMPLE,
LE PLUS TERRIBLE DE TOUS.

Un pauvre ouvrier, père de famille, vient-il à mourir ; il laisse ordinairement après lui une malheureuse veuve et des pauvres orphelins,
réduits au désespoir et sans aucune autre ressource que la mendicité en
perspective. Que fait ordinairement la malheureuse veuve, dans une
telle position, pour subsister avec ses pauvres enfants abandonnés de
tout le monde ? Elle vend le reste de sa jeunesse et ses charmes au premier passant qui, après avoir satisfait ses désirs criminels, accorde à la
malheureuse une pièce de 2 sous ou un morceau de pain avec le plus
grand dédain sur les lèvres. Cette chétive créature, rebutée ainsi de

toute la société entière, se précipite de plus en plus dans les vices, où bientôt sa santé et celle de tant de citoyens se perdent, et tous ensemble finissent leur vie sur un vieux grabat ou dans le fond des hôpitaux. Heureux si la malheureuse veuve en mourant ne laisse pas derrière elle des orphélins, des faibles créatures abandonnées de tout le monde (excepté des hôpitaux qui, hélas! ne peuvent nullemeut remplacer une tendre mère)? Sans guide ni protecteur, ces pauvres enfants végètent sur nos pavés où ils implorent la pitié des passants pour obtenir un morceau de pain; vivant ainsi dans l'abandon, comme de jeunes plantes dans une terre aride, ils finissent ordinairement leur triste vie sur l'échafaud ou dans le fond de nos prisons d'Etat, où de crimes en tous genres les ont précipités, mangés souvent auparavant par la crasse ou par la vermine, ils maudissent continuellement leur triste sort et ceux qui leur ont donné le jour. Mais souvent il arrive que la mère, avant de mourir, a su les préserver de pareils malheurs en abrégeant leurs jours par une main homicide.

Ah! honnêtes pères de familles et tendres épouses qui chérissez vos enfants, serez-vous insensibles à cette dernière leçon que je viens de vous donner ici? Verriez-vous un jour, d'un œil sec et morne, vos enfants malheureux et réduits dans une telle position! Non, non! les larmes, que je vois couler sur vos joues, me prouvent le contraire et me donnent la certitude que vous joindrez vos prières aux miennes pour que l'Assemblée nationale, à qui je soumets mon travail, l'accueille favorablement, afin que nous commencions bientôt ensemble cette sublime entreprise, d'où doit rejaillir un jour la source du bonheur de tous les peuples que nous préserverons de pareils malheurs.

CITOYENS,

C'est encore entre vos mains que je dépose cette seconde clef du bonheur de tous les peuples. Daignez la recevoir favorablement de la main d'un de vos meilleurs amis, et après avoir réfléchi sérieusement sur toutes les conséquences et les grands avantages qu'elle pourra nous procurer par la suite (comme je l'ai expliqué ci-devant), en nous rendant plus heureux à l'avenir que par le passé, et que nous ne le sommes maintenant; vous donnerez, comme je l'espère, une suite convenable à mes justes observations pour que nous arrivions un jour à cette unité qui doit désormais faire la force de notre gouvernement, et surtout à l'accomplissement de ces trois mots : *Liberté, Égalité, Fraternité*, lesquels doivent, pour toujours, être gravés dans nos cœurs et nous servir de guide dans toutes nos actions, et pour lesquels des milliers de Français ont déjà versé leur sang généreux.

Mais comme tous nos faibles efforts sont impuissants pour arriver directement à la définition de cette grande et sublime entreprise, d'où dépend le bonheur général, permettez que je sollicite, une seconde fois près de vous, la haute faveur de vous représenter un jour à l'Assemblée nationale où j'aurais encore d'autres propositions à soumettre dans l'intérêt du pays et celui du Peuple, et dont je vous donnerai le détail plus tard par divers ouvrages que je ferai imprimer. En attendant, permettez-moi que je vous quitte un instant pour aller trouver le meilleur de vos amis et le mien qui, depuis bien des années, nous rend d'éminents services, auquel nous n'avons su répondre autrement que par la plus noire ingratitude; je veux parler de l'agriculteur, de cet homme généreux pour qui nous devons aussi faire quelque chose, j'ose même dire beaucoup. De mon côté, je veux le servir amplement, pour l'encourager dans son pénible travail, afin qu'un jour il nous fournisse, ou du moins la terre, en abondance, toutes les choses nécessaires à la vie et à très-bon marché.

Heureux si je puis, par mes faibles conseils, l'aider à atteindre ce but, par lequel toute la promesse de notre feu roi Henri IV se trouverait parfaitement accomplie.

FIN DU LIVRE DEUXIÈME.